지은이 문채빈

일과 삶에 지쳐 청소할 힘도 남아 있지 않을 때, 누군가 내 공간 청소를 도와주면 좋겠다는 생각으로 '청소 특공대 다람단' 캐릭터를 떠올렸습니다. 일상이 힘들 때는 집도 작업실도 엉망진창이었지만, 정리와 청소를 하고 나서야 비로소 엉망이 된 일상도 제자리를 찾는다는 것을 알게 되었지요. 어린이 친구들에게도 청소와 정리 정돈이 얼마나 큰 힘을 주는지 전하고 싶어 이 책을 쓰고 그렸습니다.

차곡차곡 정리 정돈의 힘!

글·그림 문채빈

청소 특공대 다람단 소개

"세상 모든 것들은 다 있어야 할 자리가 있어."

정리왕 **다람**

청소 특공대 다람단 단장.
청소 계획을 세우고 차곡차곡 정리하는 데 소질이 있다. 무슨 일이든 열심히 하면 된다고 생각하는 긍정적인 다람쥐.

정돈왕 **콩이**

청소 특공대 다람단 단원.
눈에 보이는 것은 무엇이든 다 유리처럼 반짝반짝 눈부시게 만드는 재능이 있다. 주변 친구들을 누구보다 잘 이해하는 마음 따뜻한 다람쥐.

"반짝거리는 것은 참 아름다워."

> 오랫동안 쓰지 않는 물건은 버리는 게 나아.

청소왕 **밤이**

청소 특공대 다람단 단원.
엄청난 힘으로 어떤 쓰레기든 쓱쓱 싹싹 쓸어버리는 데 소질이 있다. 한번 결심한 일은 무조건 행동으로 옮기는 다람쥐.

차례

프롤로그
출동! 청소 특공대 다람단 8

첫 번째 의뢰
꼭지 할아버지와 '다있소 문방구' 16

두 번째 의뢰
슈퍼스타 비비안의 '내 멋대로 대저택' 54

에필로그
오싹오싹 청소 소동 94

프롤로그 출동! 청소 특공대 다람단

큰일이야! 초록 마을 1번길이 발칵 뒤집혔어. 깨끗하고 깔끔하기로 유명한 마을인데, 밤새 누군가 엉망으로 만들었지 뭐야.

어젯밤까지 말짱했던 마을이 하루아침에 온통 거미줄 투성이가 되었어. 눈 닿는 모든 곳에 낙서가, 손 닿는 모든 곳에 쓰레기가 가득했지. 당황한 마을 주민들은 어쩔 줄 몰라 허둥지둥 우왕좌왕했어.

그때였어!

누군가 큰 소리로 외쳤고, 말이 끝나기가 무섭게 저 멀리 세 개의 그림자가 나타났어. 그림자들은 하나같이 손에 무언가를 들고 있었지.

그들의 정체는 바로 세 다람쥐 히어로,
청소 특공대 다람단!

"내 이름은 다람! 내가 지나가면 엉망진창 뒤섞인 물건들이 차곡차곡 정리돼!"

"내 이름은 콩이! 내 손길이 닿으면 지저분했던 곳이 반짝반짝 깨끗해져!"

"내 이름은 밤이! 내가 힘을 쓰면 무거운 물건이나 쓰레기가 척척 제자리를 찾게 돼!"

우아, 보여? 청소 특공대 다람단이 지나가니 초록 마을 1번길이 말끔해졌어. 정말 다람단은 못 하는 청소가 없나 봐.

지금 당장 청소가 필요해? 그럼 다람단에게 청소를 도와 달라고 말해 봐. 그러면 다람, 콩이, 밤이가 달려와 쓱싹쓱싹 말끔하게 청소해 줄 거야.

꼭지 할아버지와 '다있소 문방구'

여기는 청소 특공대 다람단의 청소 사무소야. 늦은 오후, 다람과 콩이, 밤이는 탁자에 둘러앉아 도토리를 먹기로 했어. 든든히 먹어 두어야 청소도 잘할 수 있거든. 단단한 도토리 껍질은 밤이가 해결하기로 했어.

밤이는 도토리를 주먹으로 쾅 내리쳤어.

밤이의 손이 퉁퉁 부어올랐어. 아무리 힘이 세다 해도, 이 많은 도토리를 혼자 다 깔 수는 없는 노릇이었지.

"밤이 주먹만큼 단단한 망치가 있으면 좋을 텐데."

"우리 '다있소 문방구'에 가 볼까? 거긴 무엇이든 다 있다고 하던데."

"그래? 그럼 당장 가야지!"

다람단은 재빨리 자리에서 일어나 다있소 문방구로 향했어.

　다있소 문방구에 다다른 다람단은 깜짝 놀라 눈이 절로 커졌어. 문방구 안과 밖은 물론이고, 담장 사이사이까지 온통 물건으로 가득했거든. 무엇이든 다 있는 곳이라는 다람의 말처럼, 정말 세상 모든 물건이 다있소 문방구에 다 모여 있는 것 같았어.

그때, 문이 열리고 누군가 빼꼼 고개를 내밀었어.

 "어? 다람단이네? 여기는 어쩐 일이야?"

 "딸기야, 안녕! 잘 지냈어?"

딸기가 빙긋 웃었어. 딸기네 할아버지는 다있소 문방구의 주인, 꼭지 할아버지야.

 "혹시 다있소 문방구에 꼬마 망치 있어?"

 "있기는 있을 텐데, 오늘 안에 찾기는 힘들걸."

 "엥? 왜?"

다람단은 고개를 갸웃거리며 안으로 들어갔어. 그리고 곧 처음 보는 광경에 눈이 휘둥그레졌지.

"맙소사! 여기가 문방구야, 창고야?"

"바닥부터 천장까지 물건이 빽빽하게 들어찼어!"

"어떤 물건이 어디에 있는지 전혀 알 수가 없어!"

다람과 콩이, 밤이는 가슴이 세차게 뛰었어. 이토록 설레는 장소는 꽤 오랜만이었거든.

다람은 머리부터 발끝까지 근질대기 시작했어. 콩이의 어깨는 저절로 들썩거렸지. 밤이는 손가락과 발가락 근육까지 힘이 불끈 솟았어.

다람단은 더 이상 참을 수 없어 동시에 외쳤어.

"꼭지 할아버지, 저희가 청소를 도와 드릴 수 있어요!"

다람단의 머릿속에 꼬마 망치는 온데간데없었어. 일단 청소부터 시작할 기세였지. 하지만 꼭지 할아버지는 웬 뜬금없는 소리를 하느냐는 듯한 표정을 지었어.

꼭지 할아버지가 대답하느라 손을 멈추었어. 그러자 먼저 와 있던 꼬마 손님들이 발을 동동 굴렀지.

"꼭지 할아버지, 이러다 생일 파티에 늦겠어요. 고깔모자를 벌써 두 시간째 찾고 계시다고요."

"제 폭죽은 언제 찾아 주실 거예요? 혹시 까먹으신 건 아니죠?"

꼭지 할아버지의 손이 다시 빨라졌어. 하지만 고깔모자와 폭죽은 좀처럼 나올 기미가 없었어. 산처럼 쌓인 물건을 뒤적이느라 꼭지 할아버지의 머리와 어깨에 보얀 먼지가 잔뜩 내려앉았어.

"허, 참 이상하네. 분명 지난번에 봤는데……."

시간은 하염없이 흘렀고 두 꼬마 손님의 인내심은 점점 바닥나고 있었어.

두 꼬마 손님은 서둘러 다있소 문방구를 떠났어. 생일 파티가 시작된 지 이미 세 시간이 지났거든.

꼭지 할아버지는 꼬마 손님들의 뒷모습을 바라보며 미안한 마음에 그저 손만 흔들었어.

다람이는 생각에 잠겼어. 아무래도 다있소 문방구는 청소가 꼭 필요할 것 같았어.

"꼭지 할아버지, 청소를 하시면 어때요? 청소도 하고, 정리 정돈도 하고 나면 손님들한테 지금보다 쉽게 물건을 찾아 줄 수 있을 거예요."

그러자 꼭지 할아버지가 지그시 눈을 감았어.

허어, 내가 마지막 청소를 언제 했더라? 아, 우리 할멈이 세상을 떠나고 나서 **청소를 한 번도 안 했으니 벌써 2년이 훌쩍 넘었겠구먼.** 다람단, 자네들, 우리 할멈 없이 혼자 청소하는 게 얼마나 힘든지 아는가? 나는 할멈이 있을 때는 힘쓰는 일만 하면 되었어. 우리 할멈은 마음씨도 고운데, 물건 찾는 솜씨는 더 대단했지. 나도 할멈처럼 뚝딱 찾아보려 했는데, 그게 잘 안 되더구먼. 또 물건을 찾다 보면 어찌나 배가 고픈지! **하여튼 할멈 없이 이 문방구를 운영하는 게 보통 일이 아니야.** 응? 근데 자네들은 여기 왜 왔다고 했지?

조금 많이 수다스러운 편.

저희는 꼬마 망치를 사러 왔는데…….

그래서, 청소를 하겠다는 말씀이세요?

아니면 안 하겠다는 말씀이세요?

잘은 모르겠지만, 지금 꼭지 할아버지는 청소할 마음이 없어 보였어. 어쩔 수 없었지. 다람단은 청소를 도와달라는 말을 들어야만 출동할 수 있거든. 그 순간!

"할아버지, 우리 집에 언제 가? 오늘 저녁밥 같이 먹는 날인데."

꼭지 할아버지가 "아차!" 하며 머리를 긁적였어.

"딸기야, 아직 손님이 있으니까······."

순간 딸기의 얼굴이 잘 익은 딸기처럼 새빨개졌어.

화가 난 딸기는 문을 쾅 닫고 나가 버렸어. 꼭지 할아버지의 얼굴에 그늘이 서렸지. 다있소 문방구의 분위기가 순식간에 무거워졌어.

 "저, 그럼 꼬마 망치는 다음에 사러 올······."

"아니, 젊은 다람쥐들이 왜 그렇게 마음이 급해? 잠깐만 기다려 봐."

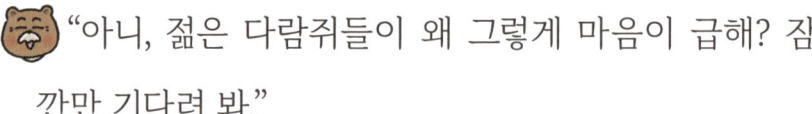

먼저 여기 적힌 물건들을 찾는 걸 좀 도와주겠나? 다 찾고 나면 꼬마 망치도 찾을 수 있겠지. 허허, 아니, 내가 찾기 싫어서가 아니라 시간이 더 필요해서 그렇다네. 아까 딸기 표정 보지 않았는가? 그게 말이야. 할멈이 세상을 떠난 뒤로 우리 딸기랑 느긋하게 저녁밥을 먹어 본 지 오래되었지 뭔가. 매일 물건만 찾다가 집에 늦게 들어가기 일쑤였으니······. 아니, 다들 표정이 왜 그런가? 특공대라며. 이 정도는 금방 찾을 수 있지? 난 자네들만 믿겠네!

다람단은 고개를 끄덕였어. 꼭지 할아버지의 길고 긴 사연을 들을 시간에 종이에 적힌 물건을 찾는 게 나을 것 같았거든. 하지만 물건 찾기도 쉽지는 않았어.

다람단이 다있소 문방구에서 꼭지 할아버지의 수다에 혼이 쏙 빠져 있을 때, 딸기는 사실 집에 가지 않고 기다리고 있었어.

문 앞에서 기다리던 딸기가 깜빡 잠들었을 무렵, 꼭지 할아버지의 들뜬 목소리가 흘러나왔지.

"할아버지, 그럼 이제 집에 갈 수 있어?"

딸기가 신이 나 문방구 안으로 뛰어 들어오다 그만!

아슬아슬하게 쌓여 있던 잡동사니들이 딸기와 부딪치며 와르르 무너졌어! 꼭지 할아버지가 잽싸게 달려가지 않았다면 정말 큰일이 났을 거야.

딸기는 꼭지 할아버지의 품에 안겨 참았던 눈물을 왈칵 터뜨렸어. 서운했던 마음이 한꺼번에 밀려온 거야.

 딸기의 눈에 구슬 같은 눈물이 흘렀어. 하지만 꼭지 할아버지는 그저 딸기를 안아 주는 것밖에 할 수 없었지. 다있소 문방구에서는 당장 눈물을 닦아 줄 휴지나 손수건조차 찾기 어려웠거든. 꼭지 할아버지는 아까보다 더 어질러진 문방구 안을 바라보았어.

"네? 지금 '청소'라고 하셨나요?"

듣던 중 반가운 소리였어. 하지만 아직도 다람단이 출동할 순 없었지. 청소를 도와 달라는 말은 아니었으니까. 다람의 입술이 바짝바짝 타 들어갔어.

드디어 꼭지 할아버지가 입을 열었어.

그 순간 다람은 눈을 빛내며 구석에 잠들어 있던 낡은 먼지떨이를 꺼내 들었어. 콩이도 더러움을 물리쳐 줄 청소 장갑을 찾아 왔지. 밤이는 한구석에 나무처럼 서 있던 대걸레를 집어 왔어. 이 복잡한 곳에서 언제 청소 도구들을 발견한 걸까?

아무튼, 드디어 다람단이 출동할 때가 온 거야!

다람단의 청소는 청소 의뢰서를 받는 것부터 시작돼. 청소를 도와 달라고 부탁한 '의뢰인'의 사연을 자세히 알아야 딱 맞는 청소와 정리 정돈을 할 수 있거든. 의뢰인도 빈 종이를 채워 가면서 자기가 원하는 것을 생각해 볼 수 있으니, 아주 중요한 일이지.

꼭지 할아버지가 심각한 표정으로 청소 의뢰서를 내밀었어.

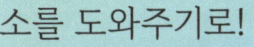 "맞아. 다있소 문방구의 모든 물건은 이 초록 마을에 꼭 필요하다네. 마을 운동회를 열려면 줄넘기나 훌라후프가 필요할 테고, 마을 음악회를 하려면 리코더나 심벌즈 같은 악기도 필요하니까. 나와 할멈이 이 문방구를 차린 것도 마을이 더 즐거워지길 바라서였어."

다람단은 결심했어. 꼭지 할아버지가 바라는 대로 청소를 도와주기로!

모두가 행복하면 우리 딸기도 더 행복해질 테니까.

우리 할아버지 최고!

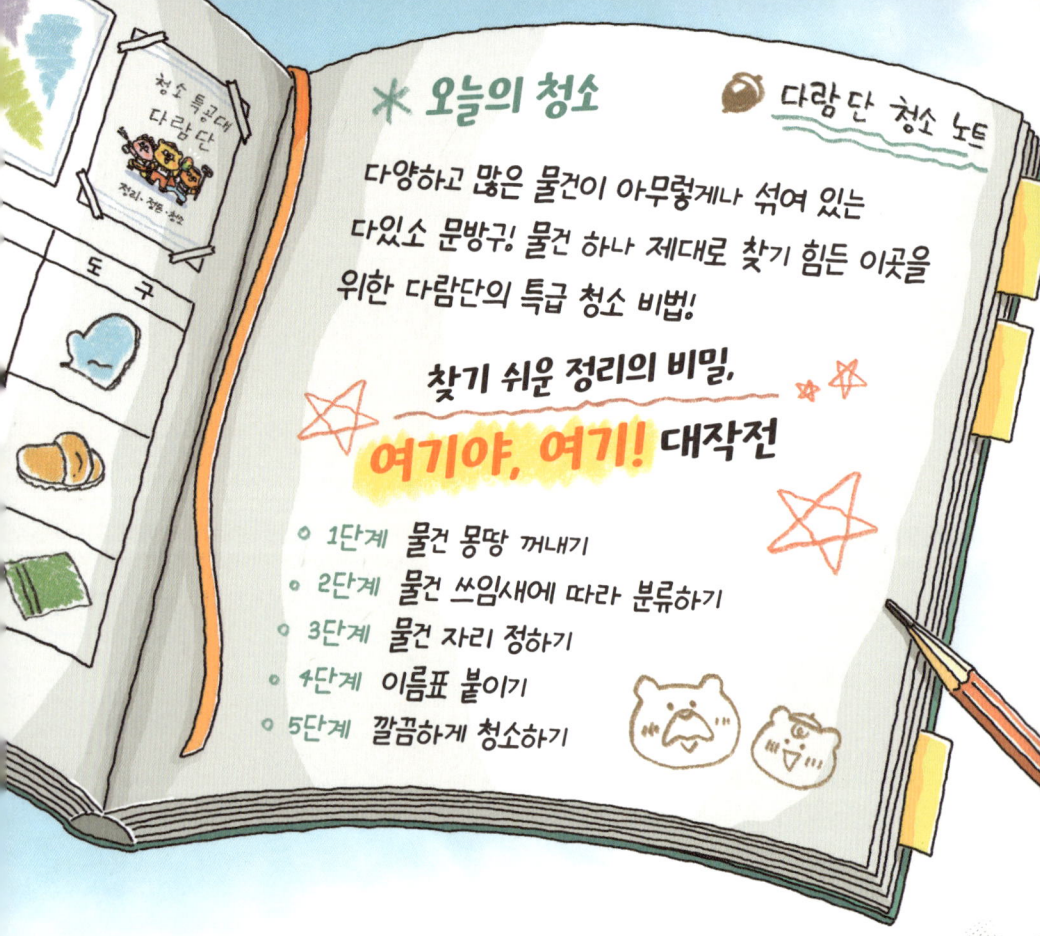

1단계: 물건 몽땅 꺼내기

다람은 켜켜이 쌓여 있던 물건들을 전부 꺼내 모으도록 했어. 그래야 물건들을 한눈에 보고 어떤 물건이 얼마나 있는지 파악할 수 있거든.

2단계: 물건 쓰임새에 따라 분류하기

쓰임새가 같은 물건을 분류하고 모으는 일은 꼭지 할아버지의 몫이야. 복잡하고 오래 걸리겠지만, 다있소 문방구를 가장 잘 아는 것은 꼭지 할아버지니까.

지정 좌석제구먼!

3단계: 물건 자리 정하기

손님들이 보고 찾기 쉽게 물건을 진열하려면 자리를 잘 정해야겠지? 꼭지 할아버지가 다람과 함께 물건의 자리를 정하고, 힘센 밤이가 물건을 나르기로 했어.

물건의 자리를 정할 때는 쓰임새가 비슷한 것끼리 모아 두면 찾기가 편해. 연필 같은 필기구 주변에 지우개 같은 물건이 있으면 좋겠지? 끼리끼리, 찾기 쉽게!

> 손님들이 자주 찾는 물건은 잘 보이고, 손에 닿기 쉬운 곳에 두면 좋아.

> 그러면 꺼냈다가 제자리에 놓기도 편하겠다.

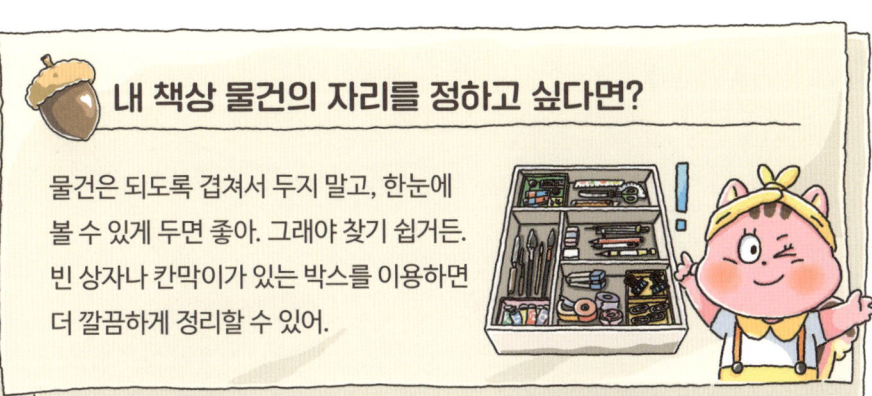

내 책상 물건의 자리를 정하고 싶다면?

물건은 되도록 겹쳐서 두지 말고, 한눈에 볼 수 있게 두면 좋아. 그래야 찾기 쉽거든. 빈 상자나 칸막이가 있는 박스를 이용하면 더 깔끔하게 정리할 수 있어.

4단계: 이름표 붙이기

물건들의 자리를 정하고 정리한 다음엔, 누구나 물건을 쉽게 찾을 수 있도록 이름표를 붙여 줘.

5단계: 깔끔하게 청소하기

청소도 잊으면 안 되겠지? 다람단이 앞장서서 묵은 먼지를 탁탁, 얼룩덜룩 유리창도 위아래로 뽀득, 때 묻은 나무 바닥을 싹싹 청소하면, 끝!

청소와 정리 정돈이 끝나자 꼭지 할아버지 얼굴에 미소가 가득했어. 왜냐고?

 "꼭지 할아버지! 연필은 어디 있어요?"

"딸기야! 음악회에 필요한 멜로디언은 어디 있니?"

 "운동회에 필요한 줄넘기와 콩 주머니는요?"

　마침내 다있소 문방구가 물건을 찾기 쉬운 곳이 되었어. 길고 힘들었던 청소로 다람단의 몸은 무거웠지만, 마음은 그 어느 때보다 가벼웠어.

🐰 "저기가 정말 다있소 문방구라고?"

다음 날, 초록 마을 주민들이 다있소 문방구 앞으로 잔뜩 몰려들었어. 몇 년 만에 드러난 다있소 문방구의 바깥 모습은 반짝반짝 빛이 나고 있었어.

꼭지 할아버지와 딸기의 얼굴에 함박웃음이 가득했어. 이제 손님이 한꺼번에 와도 두렵지 않았거든. 모두 다 다람단의 '여기야, 여기!' 대작전 덕이야.

마을 주민들은 믿을 수 없다는 표정으로 꼭지 할아버지를 바라보았어. 그리고 의심을 풀지 않은 채 다있소 문방구 안으로 한 발짝 내딛었지.

다있소 문방구는 완전히 달라져 있었어. 손님들의 얼굴에는 미소가 떠나지 않았지. 이제 누구나 필요한 물건을 금세 찾을 수 있게 된 거야. 다있소 문방구는 딸기와 꼭지 할아버지, 마을 주민들 모두가 행복한 곳이 되었어. 단지 청소를 했을 뿐인데 말이야.

해가 질 때쯤, 손님들은 모두 원하는 물건을 사서 집으로 돌아갔어. 비록 하루 늦었지만, 꼭지 할아버지는 딸기와 저녁 식사 약속을 지킬 수 있었지.

"할아버지! 빨리 집에 가서 저녁 먹자."

딸기는 꼭지 할아버지와 함께할 저녁 식사를 생각하니 무척 즐거웠어. 꼭지 할아버지의 눈가는 촉촉이 젖어 들었지.

"꼭지 할아버지, 이제 정리 정돈이랑 청소는 매일 하셔야 해요. 아셨죠?"

그럼, 그럼. **두 번 다시 이 문방구를 어지럽히지 않으마.** 그동안 우리 할멈이 하늘에서 얼마나 답답했을꼬! **고맙네, 다람단.** 내 이 고마운 마음을 담아 시라도 한 수 읊고 싶은데 들어 주겠나?

할아버지, 이제 그만……. 이러다 또 저녁 못 먹겠어.

다람은 답례로 받은 도토리 한 바구니를 품에 꼬옥 안았어. 밤이는 꼬마 망치를 손에 꼭 쥐었지. 청소 사무소로 향하는 다람단의 발걸음이 빨라졌어. 새로 구한 꼬마 망치로 얼른 도토리를 까 보고 싶었거든. 함께 먹는 도토리는 세상 가장 꿀맛이니까.

정말 고맙네!

잘 가!

이 망치만 있으면 도토리도 쉽게 깔 수 있겠지?

우리도 빨리 가서 저녁 먹자!

청소가 필요해? 혼자 하기 어려운 청소나 정리 정돈이 있다면 언제든 다람단을 불러 줘.

그날 저녁, 딸기와 꼭지 할아버지는 오랜만에 오순도순 식탁에 마주 앉았어.

"근데, 할아버지. 다람단은 왜 도토리를 까는데 꼬마 망치가 필요했던 걸까?"

"뭐? 그 꼬마 망치, 도토리를 까려고 사 간 것이야?"

꼭지 할아버지는 영문을 모르겠다는 듯 눈을 동그랗게 떴어.

정말 다있소 문방구엔 무엇이든 다 있나 봐.

슈퍼스타 비비안의 '내 멋대로 대저택'

"이번 도시락은 진짜 특별할 거야. 기대해!"

오늘은 초록 마을 공원에서 점심을 먹기로 한 날이야. 콩이는 새벽부터 도토리를 씻고, 찌고, 으깨며 요리를 했어. 다람과 밤이는 식은땀을 흘렸지. 콩이가 만든 도시락이 특별할수록 맛은 더더욱 특별해지거든.

밤이가 공원에 도착해 돗자리를 펴자, 콩이가 기다렸다는 듯 도시락을 꺼냈어.

다람과 밤이는 용기가 나지 않았어. 하필 오늘따라 도시락이 유난히 더 화려했거든. 오늘도 점심을 맛있게 먹기는 틀린 것 같았어. 아마 겉모양과 맛이 이렇게 다른 요리는 콩이가 세상에서 제일 잘 만들 거야.

밤이가 결심한 듯 주먹밥 하나를 집어 들 때였어.

코를 찌르는 불쾌한 냄새를 맡은 밤이가 주먹밥을 떨어뜨렸어.

 "밤이 너! 일부러 떨어뜨렸지!"

"아, 아니…… 실수야, 실수. 이런 냄새는 처음이라 손에 힘이 빠졌어. 대체 이건 어디서 나는 냄새일까?"

그때! 등 뒤에서 촉촉하고 까만 코를 가진 강아지 토토가 휙 튀어나왔어.

"냄새 나는 곳을 찾아? 나한테 맡겨! 대신, 나한테도 도시락 만들어 줘야 해!"

콩이가 환한 표정으로 고개를 끄덕였지. 토토는 만족한 듯 킁킁대며 냄새를 찾아 나섰어.

"여기야! 모든 냄새가 여기를 가리킨다고!"

토토의 발걸음이 거대한 저택 앞에서 멈추었어.

내 코를 걸고, 장담해!

콩이는 고개를 갸웃했어. 저택은 아주 깨끗해 보였거든. 콩이가 궁금함에 저택의 초인종을 눌렀어.

토토의 동글한 눈이 커졌어. 문을 열고 나온 건 세상 모든 알파카 중 가장 멋진 초록 마을 슈퍼스타, 비비안이었거든!

하지만 다람단은 그저 청소 생각으로 머릿속이 꽉 차 냄새 찾기에 정신없었지.

"냄새라니? 향기겠지! 너희, 아무래도 집을 잘못 찾아온 것 같은데?"

하지만 문 안에서는 토토가 맡은 냄새와 똑같은 냄새가 풀풀 나고 있었어.

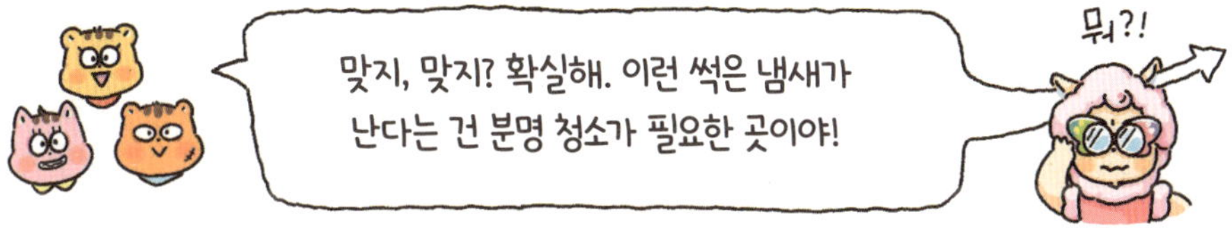

맞지, 맞지? 확실해. 이런 썩은 냄새가 난다는 건 분명 청소가 필요한 곳이야!

뭐?!

청소라니! 냄새 안 난다니까? 못 믿겠으면 들어와서 직접 확인해 보든가!

그래! 내 코는 여기라고 말하지만, 비비안 님 집에서 냄새가 날 리 없으니까 확인해 보자고!

다람단과 토토는 비비안을 따라 안으로 들어갔어.
"우아아! 이럴 수가! 이게 꿈이야, 생시야?"
비비안의 집은 보물 창고나 다름없었어. 빛나는 보물이 많아서가 아니라, 청소할 거리가 가득한 보물 같은 곳이었거든. 다람단은 신이 나 이 방 저 방 돌아다녔어.
"어이, 이 몸은 콘서트 준비 때문에 바쁘거든? 노래 연습해야 하니까 다 살폈으면 얼른 나가지?"

비비안은 불청객들을 서둘러 내쫓으려 했어.

"자, 잠깐만요! 드릴 말씀이 있어요!"

"혹시 청소할 생각 없으세요?"

그러자 비비안이 "풋!" 하고 웃으며 소파에 앉았어. 소복이 쌓여 있던 먼지가 거무튀튀한 구름처럼 푸슬푸슬 날렸지. 비비안의 손에는 거미줄도 붙어 있었어.

"나한테 청소할 시간이 있을 것 같아? 그럴 시간에 노래나 춤 연습을 한 번 더 하겠다!"

"슈퍼스타는 그렇게 한가하지 않다고."

"맞아요, 맞아!"

"에, 에취!"

하지만 이런 집 안 꼴을 보고도 그냥 돌아갈 다람단이 아니잖아?

비비안은 도무지 청소할 생각이 없어 보였어.

　누가 보아도 청소가 필요한 곳이었지만 다람단 마음대로 청소를 할 수는 없는 노릇이었어.

　결국 비비안은 1분 1초가 아깝다며 다람단과 토토를 내쫓았어. 넷은 아쉬운 표정으로 발걸음을 돌렸지. 곧 노랫소리가 문 밖으로 흘러나왔고, 비비안의 연습은 밤 늦게까지 계속되었어.

다음 날. 드디어 비비안의 콘서트 날이 되었어. 아침부터 비비안은 씻고, 화장하고, 털도 빗어 올렸지.

 "후훗, 날씨까지 완벽해!"

무대에서 노래하기에 이보다 더 좋은 날은 없는 것 같았어. 딱 하나, 문제가 생기기 전까지는 말이야.

 "분명 여기 두었는데, 대체 어디로 갔지?"

아무리 찾아봐도 마이크가 보이지 않았어. 어젯밤 분명 머리맡에 둔 것 같은데, 참 이상한 일이었지.

비비안이 마이크를 찾으러 거실로 나와 보니 집은 어제보다 더 엉망진창이 되어 있었어.

그때 비비안의 눈이 커졌어.

"누가 내 옷에 라면 국물 흘렸어?"

문득 비비안의 머릿속에 어젯밤 일이 떠올랐어. 연습 시간을 아끼려고 먹다 남긴 컵라면 용기를 치우지 않았었거든. 그 내용물이 어쩌다 보니 오늘 입으려던 새 옷에 쏟아졌나 봐.

어느덧 콘서트 시간이 코앞으로 다가왔고, 비비안은 어쩔 수 없이 지저분한 옷을 입고 문밖을 나섰어.

이거라도 입어야겠어.

대체 마이크가 왜 여기서 나오는 건데!

히히히!

신발까지 짝짝이로 신고 뛰었지만 비비안은 1시간이나 늦고 말았어. 땡볕에서 오래 기다린 관객들은 잔뜩 지쳐 보였지만, 비비안은 모른 척 애써 밝게 인사했어.

비비안의 애교 섞인 말에도 관객들은 조용했어. 이런 싸늘한 반응은 처음이었지. 비비안에게 늘 환호만 보내던 관객들의 모습은 온데간데없었어.

'내가 너무 많이 늦었나? 아니면 내 옷이 지저분해서? 머리가 많이 헝클어진 건 아니겠지?'

걱정이 몰려왔지만 비비안은 마음을 다잡았어. 오늘 콘서트를 위해 잠까지 줄이며 열심히 연습했는데, 이 정도 일로 실망할 수는 없잖아.

곧 반주가 흘러나왔어.

비비안이 흔들흔들 춤을 추자 냄새가 구릿! 비비안의 옷에서 나는 냄새가 분명했어.

냄새를 맡은 비비안이 당황해서 머리를 넘기자 잔뜩 엉킨 털이 뿅! 곱게 빗은 털이 뛰어오느라 다 엉킨 거야.

깜짝 놀란 비비안은 서둘러 노래를 시작했어. 그런데!

맙소사, 비비안이 목소리를 내자마자 요란한 쇳소리가 삑! 빨래 더미에서 나온 먼지가 마이크에 잔뜩 들어간 거야.

당황한 비비안은 그 자리에서 굳어 버렸어. 초록 마을 최고의 슈퍼스타 비비안의 엉망진창 무대를 비비안도, 관객도 믿을 수가 없었어.

비비안의 머릿속이 새하얘졌어. 청소할 시간까지 아끼면서 콘서트를 준비했는데, 왜 이런 일이 일어났을까?

비비안은 자기도 모르게 흘린 눈물을 들키고 싶지 않았어. 이런 눈물은 슈퍼스타에게 어울리지 않으니까.

"죄, 죄송합니다! 미안해요……"

비비안은 이 말을 남기고 황급히 무대를 떠났어.

다람단과 토토가 뒤따라가 보았지만, 비비안은 이미 저택으로 들어가 문을 쾅 닫은 뒤였어. 토토가 아무리 초인종을 눌러도 닫힌 문은 열리지 않았지. 토토는 눈물을 글썽이던 비비안의 얼굴이 자꾸만 아른거려 좀처럼 저택을 떠나지 못했어.

해가 저물고, 결국 다람단은 돌아가기로 했어. 콩이는 간절한 마음으로 우편함에 무언가를 넣었어.

비비안은 그 어떤 위로도, 응원도 필요하지 않았어. 그저 홀로 있고 싶은 밤이었지.

그토록 열심히 준비했던 콘서트가 집 안 거실처럼 엉망진창이 되던 순간이 떠올랐어. 실망한 관객들의 얼굴도 자꾸만 생각이 났어.

'내가 잘못 생각했던 걸까?'

비비안은 밤늦도록 뒤척이며 좀처럼 잠들지 못했어.

다음 날 아침. 다람단은 평소처럼 청소로 하루를 시작했어. 늘 주위가 깨끗해야 '청소 특공대'라는 이름이 부끄럽지 않을 테니까.

그런데 누군가 아침부터 바쁘게 초인종을 눌러 댔어.

"누, 누구세요?"
"나야, 나! 목소리만 들어도 딱 알아야지!"

문 앞에는 비비안과 토토가 서 있었어.

"음……. 오해하지 말고 들어. 어제 일 말인데, 청소를 하고 싶진 않지만, 그러니까…… 청소가 좀 부족해서 그랬나 싶은 생각이 들어서. 그래서 말인데…… 너희가 청소 좀 도와줄래?"

다람단은 비비안을 위해 팔을 걷어붙였어. 청소와 정리 정돈으로 저택이 깨끗해지면, 비비안은 넓고 쾌적한 공간에서 연습에 더 집중할 수 있게 될 거야.

청소 의뢰서

- **의뢰인**: 비비안(그리고 토토)
- **청소할 곳**: 우주 대스타, 비비안의 저택
- **청소를 의뢰한 이유**: 나는 청소할 시간도 없는 슈퍼스타임. 그런 나의 품격에 어울리는 넓은 연습 공간이 필요함. 그래야 팬들에게 최고의 공연을 보여 줄 수 있음.

★ 청소를 안 해도 깨끗한 저택으로 만들어 줄 것.

의뢰: 우주 대스타 B.B안
청소: 청소특공대 다람단

"집 안 상태가 내 품격에 어울리지 않긴 했지."

"여긴 진짜 반짝반짝하네."

빠르고 완벽하게 청소 의뢰서를 채운 비비안은 다람단과 토토를 저택으로 데려갔어.

다람이 청소 의뢰서를 읽고 고개를 갸웃거렸어.

"청소를 안 해도 깨끗한 저택으로 만들어 달라고요? 그건 불가능한데."

 "난 바빠서 청소할 시간이 별로 없어. 춤과 노래 연습만 해도 하루가 금방 지나간다고."

쉽지 않은 요청에 다람이 머리를 싸매려는 순간, 콩이 머릿속에 좋은 생각이 떠올랐어.

"살짝만 청소해도 금방 깨끗해지게 만들 수는 있는데……."

"그런 방법이 있다고?"

1단계: 물건 몽땅 꺼내기

"빈 박스를 세 개 준비하고, 각각 '사용', '비움', '나눔'이라 적으세요. 사·비·나 프로젝트에 꼭 필요하거든요."

"물건이 많으면 그만큼 집 안 공간이 좁아지게 돼요. 청소거리도 늘어나고요. 그러니 비비안 님은 지금부터 각 방의 물건들을 모두 꺼내 거실에 모아 주세요."

웬 신발이 이렇게 많아?

이 정도 양이면 1년 내내 비가 와도 다 못 쓰겠어.

내 눈은 두 개인데 안경을 왜 이렇게 많이 샀지?

2단계: 사용할 물건과 비울 물건 분류하기

 "이제 앞으로 계속 사용할 물건은 사용 박스에 담아 주세요. 더 이상 사용하지 않거나 망가진 물건은 비움 박스에 담아 주시고요."

멀쩡한 물건이 너무 많은데, 다 사용 박스에 넣으면 안 돼?

용도가 같은 물건이 여러 개면 한두 개 정도만 남기고, 나머지는 비움 박스에 담는 게 좋아요.

물건을 지나치게 많이 가지고 있는 것도 공간 낭비랍니다. 이 내용을 잘 읽어 보면 도움이 될 거예요.

· 하나하나 점검해 보자! ·

아래 항목에 하나라도 해당되는 물건은 비움 박스에 넣으세요.

① 1년 이상 쓰지 않은 물건
② 망가지거나 고장 나 못 쓰는 물건
③ 용도가 같아서 남는 여러 개의 물건
④ 있는 줄도 몰랐던 낯선 물건
⑤ 없어도 불편하거나 속상하지 않은 물건

비비안은 멀쩡한 물건을 비우는 것이 낭비 같았어. 하지만 "용도가 같은 물건을 여러 개 샀을 때 이미 낭비한 거예요!"라는 다람의 말에 고개를 끄덕일 수밖에 없었지. 물건 모으기를 좋아하는 비비안에게 비우기는 꽤 어려운 일이었어.

3단계: 비울 물건에서 나눌 물건 가려내기

비움 박스가 금세 가득 찼어. 다음은 비움 박스에서 아직 사용할 수 있는 멀쩡한 물건을 골라 나눔 박스에 담을 차례야.

"비움이 꼭 물건을 버려야 한다는 뜻은 아니에요. 이웃에게 나누어 주거나, 적당한 값을 받고 팔아도 돼요."

꽉 찬 나눔 박스는 밤이가 문 앞에 내놓았어.

4단계: 비울 물건 버리고 청소하기

물건이 줄어드니 청소는 금방이었어. 넓어진 집 안을 쓱쓱 쓸고 닦자 빛이 나기 시작했어. 몇 시간 뒤, 영원할 것만 같던 청소가 드디어 끝났지.

비비안은 춤과 노래를 연습할 수 있는 넓은 공간을 되찾았어. 꼭 필요한 물건만 남기니 찾기도 쉽고, 사용한 물건을 제자리에 두기도 좋으니 집이 금방 깔끔해졌어.

비비안은 깨끗해진 집이 퍽 마음에 들었어. 그제야 청소가 중요한 이유를 어렴풋이 알 수 있었지.

"잠시만! 가지 말고 기다려!"

비비안이 지하 창고로 가 무언가를 들고 왔어.

뜻밖의 선물을 받은 토토가 감동해서 눈물을 보였어. 토토를 바라보던 비비안은 문득 아쉬운 마음이 들었어.

'콘서트 전에 청소를 했으면…… 더 좋았을까?'

비비안이 씁쓸한 표정을 짓던 그때, 느닷없이 저택 초인종이 울렸어.

딩동 소리가 그치지 않자 비비안이 벌컥 대문을 열고 소리쳤어.

대문 앞에는 마을 주민들이 모여 있었어.

 "비비안 님! 이사 가요? 안 돼요!"

 "비비안 님 없는 초록 마을은 상상할 수 없어요!"

주민들이 너도나도 외쳤어. 나눔 물건이 저택 앞에 잔뜩 쌓여 있는 것을 보고 비비안이 마을을 떠날까 봐 걱정했던 거야. 비록 어제의 콘서트는 실망스러웠지만, 다들 비비안의 재능을 정말 사랑했거든.

　잠시 후, 마을 주민들이 비비안의 옷을 나눠 입고 거실에 옹기종기 모여 앉았어. 비비안은 별빛을 조명 삼아 작은 콘서트를 열었지. 춤을 추며 노래하는 비비안은 그 어떤 별보다 반짝반짝 빛났어.

　넓고 깨끗한 거실에서 열린 작은 콘서트는 비비안과 마을 주민들의 기억 속에 오래도록 남아 있을 거야.

다람단의 '사·비·나' 프로젝트는 이렇게 끝이 났어. 그 후로 비비안이 정말 청소를 했을까, 안 했을까?

들리는 소식으로는 청소를 조금씩 하게 되었대. 좋아하는 일을 열심히, 더 잘하려면 청소와 정리 정돈이 필요하다는 것을 알게 되었다나? 조금만 치워도 금방 깨끗해지니 청소하는 보람이 있다지 뭐야.

"뭐, 청소 별것 아니었네. 그래도 고마워, 다람단."

폭풍우가 세차게 몰아치는 밤, 청소 특공대 다람단은 오래된 성의 낡은 문을 두드렸어. 하지만 아무리 두드려도 인기척 하나 없었지. 청소 하나만을 위해 먼 길을 마다 않고 달려왔는데 말이야.

"이상하네. 분명 주소는 여기 맞는데……."

끼익, 꼼짝 않던 성문이 저절로 열렸어.

다람이는 얼마 전에 받은 청소 의뢰서를 떠올렸어. 의뢰서에 거미줄이 덕지덕지 붙어 있어 깜짝 놀랐었거든. 셋은 2층으로 조심조심 올라갔어.

2층의 넓은 거실이 한눈에 들어왔어. 거실 한가운데 덩그러니 놓인 식탁에는 먹음직스런 도토리 세 알과 쪽지가 있었어. 다람, 콩이, 밤이는 침을 꿀꺽 삼켰지. 이렇게 크고 반들반들한 도토리는 생전 처음이었거든.

오싹오싹하던 성 안이 어느새 반짝반짝해졌어. 다람 단이 무서움을 이겨 내고 청소를 마친 덕이야.

드디어 왕 도토리를 맛볼 시간이 되었어. 세 다람쥐는 입맛을 다시며 식탁으로 다가갔어.

힘센 밤이가 다있소 문방구에서 산 꼬마 망치로 왕 도토리를 콩 내려치는 순간!

셋은 걸음아 날 살려라 하며 밖으로 뛰어나갔어. 왕 도토리가 아무리 귀해도 유령들과 먹고 싶진 않았거든.

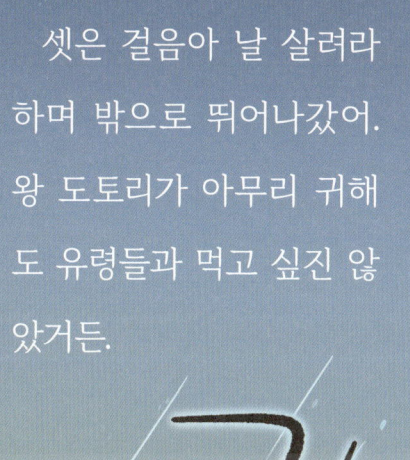

우리의 멋진 거미줄을 다 망가뜨려? 다음엔 반드시 그 대가를 치르게 할 거야.

거미 형제 올망이, 졸망이의 눈이 복수심으로 이글거렸어.

며칠 전, 초록 마을 1번길을 거미줄 투성이로 만든 범인은 바로 올망이와 졸망이였어. 공들여 설치한 멋진 거미줄을 다람단이 몽땅 청소해 버리자, 올망이와 졸망이는 잔뜩 화가 났지. 그래서 다람단을 골탕 먹이려고 가짜 청소 의뢰서를 보내 이 낡고 넓은 성으로 유인한 거야.

그런데 설마, 다람단이 이 낡은 성을 다 치울 줄이야! 다음 복수를 계획하는 올망이와 졸망이……. 과연 다람단은 거미 형제로부터 초록 마을을 깨끗하게 지켜 낼 수 있을까?

2권에서 계속…….

청소 특공대 다람단 1
차곡차곡 정리 정돈의 힘!

지은이 문채빈
펴낸날 2023년 6월 20일 초판 1쇄, 2023년 7월 10일 초판 2쇄
펴낸이 신광수 | **CS본부장** 강윤구 | **출판개발실장** 위귀영 | **디자인실장** 손현지
아동콘텐츠개발팀 박재영, 백한별 | **출판디자인팀** 최진아, 김리안 | **저작권 업무** 김마이, 이아람
출판사업팀 이용복, 민현기, 우광일, 김선영, 신지애, 허성배, 이강원, 정유,
설유상, 정슬기, 정재욱, 박세화, 김종민, 전지현
CS지원팀 강승훈, 봉대중, 이주연, 이형배, 이우성, 전효정, 신재윤, 장현우, 정보길
펴낸곳 (주)미래엔 | **등록** 1950년 11월 1일 제16-67호 | **주소** 서울특별시 서초구 신반포로 321
전화 미래엔 고객센터 1800-8890 팩스 541-8249 | **홈페이지** www.mirae-n.com

ISBN 979-11-6841-539-3 74810
ISBN 979-11-6841-538-6 (세트)

책값은 뒤표지에 있습니다.
파본은 구입처에서 교환해 드리며, 관련 법령에 따라 환불해 드립니다. 다만, 제품 훼손 시 환불이 불가능합니다.

청소 특공대 다람단의

청소 비법을 실천하는 친구들에게

명예 단원증을 드립니다.